Weil eine Welt mit Geschichten eine
bessere Welt ist.

Katrina Lodde

Weiter Wandern

Life is a story

schreib's auf
story.one

1. Auflage 2021
© Katrina Lodde

Herstellung, Gestaltung und Konzeption:
Verlag story.one publishing - www.story.one
Eine Marke der Storylution GmbH

Gesetzt aus Crimson Text und Lato.
© Fotos: unsplash.com

Printed in the European Union.

ISBN: 978-3-99087-448-6

Für alle die nicht können, obwohl sie wollen. Für meine Eltern, die mich immer unterstützt haben und für Lars, der mir immer wieder Mut zuspricht.

INHALT

In den Dünen

Es war dunkel, die Sonne war gerade untergegangen und sie stand allein auf einer Düne irgendwo an der Nordspitze Neuseelands. Es war still. Lediglich das Rauschen des Meeres und ein paar vereinzelte Vögel waren zu hören. Die Luft hatte noch nicht ganz den Geruch des Tages verloren und wandelte sich erst langsam in den heißgeliebten Duft des Abends. So wie der Geruch des Tages verflog auch langsam ihre Euphorie auf das Kommende. Seit Monaten hatte sie sich mit nichts anderem beschäftigen können, hatte auf den kommenden Tag hin gefiebert und nun würde sie lieber hier in den Dünen bleiben. Für immer.

Die Nacht hatte schon immer diese Wirkung auf sie gehabt. Sie war von einer Melancholie aber auch Konkretheit umgeben, die sie die Dinge klarer sehen ließ. Der Morgen brachte meistens das Vergessen mit sich.

Sie schloss die Augen, grub ihre nackten Zehen tiefer in den kalten Sand und atmete aus. Die Augen wieder öffnend, tief einatmend, sog sie die ganze Tristheit ihrer Umgebung in sich ein. Glückseligkeit machte sich in ihr breit, ein Lächeln stahl sich auf ihr Gesicht. Freudestrahlend riss sie die Arme in die Höhe und blickte in den düsteren, wolkigen Himmel. Sie hätte lachen, brüllen, tanzen können.

Ein Johlen riss sie aus dem verdienten Alleinsein. Vier Gestalten tauchten unter ihr zwischen den Dünen auf und liefen laut lachend Richtung Meer. Sich gegenseitig neckisch schubsend, schreiend und Alkohol trinkend vertrieben sie die Eintönigkeit und Abgeschiedenheit. Enttäuschung breitete sich von ihrem Herzen auf ihren ganzen Körper aus. Energielos fielen ihre Arme nieder, den Blick auf die Störenden gerichtet, verblasste ihre Begeisterung. Der Ort hatte seine Magie verloren.

Der nächste Morgen, der Start in das langersehnte Abenteuer wirkte nun weniger erschreckend, sondern vielmehr erstrebenswert.

Einige Minuten blieb sie noch auf der Düne stehen. Sie wollte sich die Blöße, sich vertrieben lassen zu haben, nicht geben. Ihre Freude war so schnell verflogen, wie dieser Ort sie ihr geschenkt hatte. Nun hielt sie ihn nur noch aus, hielt sich selbst nur noch aus. Sie kehrte ihm den Rücken zu und machte sich auf den Rückweg. Zurück in das kleine Bungalow-Camp, welches für diese Nacht ihr Zuhause sein sollte. Zurück in die Zivilisation. Zurück in die Verstellung.

Bevor sie die Düne herabstieg, drehte sie sich noch einmal um und erhaschte einen letzten Blick auf den Ort. Für einen kurzen Moment schien er seine Magie wiedererlangt zu haben.

Zwischen Sand und Meer

Die erste Nacht im Zelt lag hinter ihr. Es regnete, doch störte sie das nur wenig. Zu erpicht war sie darauf endlich von den anderen Wanderern wegzukommen und zu Fuß das Land zu erkunden. Der Start auf den Te Araroa Trail am vorherigen Tag war unspektakulärer ausgefallen als sie es erwartet hatte. Sie war mit anderen Fernwanderern am Cape Reinga angekommen, hatte ein paar obligatorische Fotos geschossen und war unter dem Gestarre der Tagestouristen losmarschiert. Erst nach ein paar Kilometern, fernab von den Instagram-Traumfoto-Junkies, hatte sich eine Ruhe und Faszination für die sie umgebende Welt eingestellt.

Heute war nicht mehr viel von der Ruhe übrig. Nervös packte sie ihre Sachen, aß ein kleines Frühstück und machte sich im Kreis der anderen Abenteurer auf den Weg.

Zwei Stunden später schien sie allein auf der Erde zu sein, nur die Fußabdrücke im Sand durchbrachen die Illusion. Der Regen hatte aufgehört und ihre Welt bestand nur noch aus Laufen, Sand und Meer. Sie befand sich in einer leeren Einöde, die Stille wurde lediglich von dem Zirpen der Zikaden, dem Rauschen des Meeres und dem Schreien der Möwen gefüllt. Die Stunden und Kilometer verschwammen in einem Brei aus Eindrücken und Monotonie. Sie konnte nicht sagen, wie lange sie schon gelaufen war. War es noch der gleiche Tag, oder schon ein anderer? Egal. Einfach weiterlaufen, durch die ewig gleiche Landschaft, für die ihr Herz schlug. Sie liebte es hier. War so glücklich wie lange nicht mehr. Zwar säumten Kadaver von Robben und Fischen ihren Weg, doch konnte das ihrer Zufriedenheit keinen Abbruch verschaffen. Denn nichts zeigt das Leben in all seinen Facetten besser als die unberührte Natur. Das ist der Inbegriff von Schönheit.

"I've been through the desert on a horse with no name. It felt good to be out of the rain. In the desert, you can remember your name 'cause there ain't no one for to give you no pain", sang sie vor sich hin, während sie in den Dünen am Pinkeln war. Welch eine Freiheit!

Ein leises Wiehern ließ sie aufblicken. Keine zwanzig Meter von ihr entfernt stand ein Wildpferd und guckte sie an. Verblüfft starrte sie zurück. Weitere Pferde tauchten auf, guckten ihr beim Pinkeln zu und schnaubten vergnügt. Langsam, um sie ja nicht zu erschrecken, wischte sie sich trocken und zog die Hose hoch. Wie zustimmend nickten sie ihr zu, blickten sie durchdringend an, drehten sich um und verschwanden in den Dünen. Noch lange stand sie da und schaute ihnen nach.

Als sie Stunden später die Hundertkilometermarke knackte und wieder von Menschlichkeit umgeben war, kam ihr die Begegnung wie ein Traum vor.

Vom Matsch besiegt

Keuchend blieb sie stehen und stemmte ihre Hände in die Hüften. Sie war noch keine zehn Kilometer gelaufen und doch fühlte es sich so an, als wären es bereits dreißig gewesen. Es hieß, dass der Raetea Forest schwer sein solle, doch mit diesem Ausmaß hatte sie nicht gerechnet. Konstant ging es bergauf, auf einem Weg den man kaum als einen solchen bezeichnen konnte. Er war gesäumt von knöcheltiefem Matsch und umgefallenen Bäumen. Oft wies einzig ein orangenes Dreieck in der Ferne die richtige Richtung an. Ihre drei Wandergefährten waren einiges fitter als sie und früh überkam sie das schlechte Gewissen, sie aufzuhalten. Die Vier hatten sich, aufgrund seiner Berüchtigkeit, überlegt diesen Teil des Trails gemeinsam zu bestreiten. Tage vorher hatte die Nachricht, dass eine Wanderin vom Weg abkommen und einen Wasserfall heruntergestürzt war, die Runde gemacht.

Jetzt würde sie sich der Herausforderung lieber allein stellen. Doch der soziale Druck ließ sie weiterlaufen. Ein paar Tränen rollten ihre Wange herab. ‚Hör auf zu heulen, die sehen das sonst noch!' schalt sie sich verzweifelt und quälte sich einen besonders steilen Abschnitt hoch.

Plötzlich, wie aus dem Nichts, schoss ein stechender Schmerz durch ihre rechte Achillessehne. Sie stöhnte auf, ihre Muskeln verspannten sich und sie kippte nach vorne. „Scheiße", fluchte sie leise und griff nach ihrem rechten Fuß. Der Schmerz ließ nur langsam an Intensität nach, doch ganz verschwand er nicht. Und sollte dies auch für lange Zeit nicht tun.

Langsam rappelte sie sich wieder auf und setzte leicht humpelnd ihren Weg fort. Als sie wieder auf ihre Gefährten traf, die auf einer kleinen Lichtung auf sie warteten, erzählte sie ihnen nichts. „Wir werden ein paar von deinen Sachen auf unsere Rucksäcke aufteilen", sagte einer von ihnen, „dann musst du nicht mehr so viel schleppen". ‚Dann bist du nicht mehr ganz so langsam', dachte sie und nickte bloß. Scham überrollte sie und nur mühsam konnte sie die wieder aufkommenden Tränen unterdrücken.

Am nächsten Tag schafften sie es aus dem Wald heraus und jeglicher Druck fiel von ihr ab. Endlich konnten die anderen ihr Verantwortungsgefühl für sie zurücklassen und jeder konn-

te in seinem Tempo unbekümmert weiterlaufen.
Sie atmete tief ein und aus und genoss die Wärme der Mittagssonne auf ihrer vom Matsch verschmutzten Haut. Langsam kehrte das Gefühl der Glückseligkeit zurück. Ab jetzt würde es wieder leichter vorangehen. Ab jetzt würden die Tränen aufhören.

Da war sie sich ganz sicher.

Neue Herausforderungen

Tränen liefen ihre Wangen herunter. Einige verfingen sich im Mundwinkel, andere fanden ihren Weg zum Kinn und seilten sich ab, nur um wenig später auf der Schotterstraße zu zerschellen, auf der sie seit einer Stunde entlangwanderte. Zurück wanderte. Zurück zur nächsten stärker befahrenen Straße. Zwölf Kilometer mit stechenden Schmerzen im Fuß.

Nachdem sie den Wald verlassen hatte, war sie noch gut zwanzig Kilometer gelaufen. Mit jedem Schritt hatte der Schmerz in ihrer Achillessehne zugenommen. Doch sie wollte nicht aufgeben. Sie durfte nicht aufgeben! Wer aufgab, war ein Versager! Und sie wollte keine Versagerin sein. Nie wieder.

Abends im Zelt war der Schmerz nicht abgeklungen und sie hatte sich unter Tränen eingestehen müssen, dass sie so die nächsten fünfzig Kilometer nicht schaffen würde. Also war sie am nächsten Morgen umgekehrt.

Ob sie wegen der Schmerzen oder der Enttäuschung weinte, konnte sie nicht sagen. Als sie endlich die Straße erreicht hatte, stellte sie ihren großen Rucksack ab und sah zögernd in die Richtung, in die sie musste. Sie war noch nie getrampt, hatte sich noch nie so auf das Glück verlassen müssen. Sie wusste, dass die meisten Reisenden in Neuseeland früher oder später trampen und auch sie war zu Hause noch davon ausgegangen, dass es ihr genauso gehen würde. Doch nun, noch bevor sie ihren Daumen rausstrecken konnte, machte sich die Unsicherheit in ihr breit.

Mit jedem Fahrzeug, das an ihr vorbeifuhr, wuchs ihre Nervosität. Mit jeder Minute, in der kein neues Auto am Horizont erschien, stieg der Druck auf ihre Tränendrüsen. Aufgeregt ging sie auf und ab, ihre Finger aneinanderreibend, mit den Händen wackelnd. Eigentlich hätte sie entspannter sein müssen. Eigentlich war es egal, ob sie heute noch jemand mitnehmen würde. Sie hatte ein Zelt und genug Essen und Trinken bei sich, um zur Not mehrere Tage in Straßennähe zu campieren, aber dennoch wuchs ihre innere Unruhe, mit jedem Zentimeter, den die Sonne tiefer sank, ins Unermessliche.

Hilflosigkeit und Angst vernebelten ihr Denken. Sie hatte die Kontrolle abgegeben. Hatte sie fremden Menschen und ihrer Barmherzigkeit einem verlassenen Mädchen am Straßenrand gegenüber zu Füßen gelegt. Nun blieb ihr nichts anders übrig als abzuwarten. Sie war erstarrt. War handlungsunfähig geworden. Ihre Tränen waren längst versiegt. Ihre Gefühle nicht mehr spürbar. Sie war nur da. Existierte gerade so, das Mädchen mit dem herausgestreckten Daumen am Straßenrand.

Und dann hielt ein Auto an.

Der zweite Anfang

Diesmal wird alles anders! Diesmal wird sie sich nicht übernehmen. Wird nicht weiter wandern als gut für sie ist. Sie wird auf ihren Körper hören und aufhören, wenn die Schmerzen zu stark werden. Ja, das wird sie! Positiv gestimmt verließ sie Hamilton zu Fuß Richtung den naturbelassenen Weiten. Drei Wochen hatte sie Pause gemacht und ihren Fuß geschont. Nur drei Wochen. Die Ärztin, bei der sie gewesen war, hatte ihr gesagt sie müsse mindestens sechs Wochen mit dem Wandern aufhören, damit der Fuß richtig heilen könne. Sechs Wochen! Das hatte sie nicht ausgehalten. Die Hälfte sollte auch reichen. Musste reichen.

Sie hatte einen Teil der Strecke übersprungen. Ob sie mit einem gesunden Fuß in drei Wochen bis hierhergekommen wäre, bezweifelte sie. Doch war es ein guter Punkt, um wieder einzusteigen. Dennoch fühlte sie sich wie eine Betrügerin. Eine Schummlerin. Schließlich wird in der Fernwander-Community oft auf Vollständigkeit gepocht. Hatte sie hiermit ihren Status als Fernwanderin verloren? War sie nur noch jemand der weit wanderte? Sie wischte die Gedanken von sich, versuchte im Hier und Jetzt zu bleiben. Das war es schließlich, worum es beim Wandern geht. Um das Hier und Jetzt.

Es waren außergewöhnlich wenig andere Wanderer unterwegs, sodass sie die meiste Zeit allein zwischen Schafen und grünen Hügeln war. Wie sie es liebte! Alleinsein war für sie ein Synonym für Sie-Selbst-Sein. Niemand vor dem sie sich verstellen musste, niemand dem sie etwas vorspielen musste. Sie konnte sein, wie sie war, ohne komische Blicke zu ernten. Nicht selten loderte eine kleine Flamme der Enttäuschung, ja sogar Wut, in ihr auf, wenn sie dann doch andere Wanderer entdeckte. Sie raubten ihr die kostbaren Momente mit ihr selbst.

Nach zwei Tagen durch grüne Weiten bei bestem Wetter stand sie am dritten Tag im Regen vor dem Berg, auf dem nach nur acht Kilometer aber auf 959 Metern Höhe ihr Tagesziel lag. Tapfer begann sie den Aufstieg, wünschte sich aber bald zurück in die grüne Leere. Sie hatte gedacht der Matsch im Raetea Forest wäre schlimm gewesen, aber war er nichts im Vergleich zu dem knietiefen Schlamm hier. Schnell begann ihre Achillessehne wieder zu schmerzen und bald begleitete auch ihr linkes Knie sie mit Stichen bei jedem Schritt. Es war noch auszuhalten, sie konnte es etwas ignorieren, trotzdem zogen vereinzelte Tränen ihre Bahnen durch den Schmutz auf ihrem Gesicht.

Nach mehreren Stunden der Mühsal, Quälerei und Plackerei erreichte sie endlich den Gipfel. Sie ließ den Rucksack von ihren Schultern rutschen und kletterte die kleine Aussichtsplattform hinauf. Trotz der tief hängenden Wolken hatte sie den Eindruck, als könne sie meilenweit gucken. Der Anblick erfüllte sie mit einem Gefühl der Freiheit. Sie schrie ihr Glück in die Welt hinaus. Brüllte sich die Seele aus dem Leib und lachte über ihre eigene Ungezügeltheit. All die Schinderei, all der Schmerz war für diesen Moment vergessen.

Wandergefährten für einen Tag

Sie hatte Michael in der Pahautea Hütte am Abend zuvor kennengelernt, doch hatten sie nicht viel miteinander geredet. Small Talk fiel ihr nicht sonderlich leicht, besonders dann, wenn mehrere Parteien darin involviert waren. Und die Hütte war voller Wanderer gewesen.

Sie war gerade einmal zwei Kilometer weit gekommen, als er sie eingeholte hatte und keine Anstalten machte, sie zu überholen. „Der Schwede scheint heute Morgen besonders früh aufgebrochen zu sein", sagte er. „Ja", antwortete sie. „Er scheint sehr motiviert zu sein" „Das stimmt". Verunsichert kaute sie auf den Innenseiten ihrer Wangen und versuchte verzweifelt auf etwas zu kommen, was sie zu dem Gespräch beisteuern könnte. Doch ihr fiel nichts ein. So liefen sie einige Zeit schweigend voreinander her. Irgendwann bemerkte sie, dass er nicht mehr in Sichtweite war. ‚Wahrscheinlich bin ich ihm zu langsam', dachte sie und konnte sich ein erleichtertes Grinsen nicht verkneifen.

Als sie um die nächste Ecke bog, stand Michael da und blickte ihr strahlend entgegen. Verunsichert lächelte sie zurück: „Du musst nicht auf mich warten". „Ich weiß", entgegnete er grinsend, „Aber ich will". Verwundert darüber, wie sie das Interesse des dreißig Jahre älteren Mannes erweckt haben könnte, nickte sie bloß.

Er machte es ihr einfach. Wenn ihre Gespräche sich nicht um Diskussionen über ihre Lieblingsbücher kreisten, erzählte er ihr Anekdoten aus seinem Leben:

„Ich bin in der DDR aufgewachsen und wurde bereits in jungen Jahren als Grenzhüter an der Mauer eingeteilt. Es galt Schießbefehl. Aber ich wusste: Ich werde nie im Leben auf einen Flüchtigen schießen können. Also habe ich mich bei meiner ersten Wacht, die nachts war, einfach schlafen gelegt. Ich habe meinen ganzen Dienst auf dem Wachposten verschlafen – mein Vorgesetzter war so erbost, dass ich nie wieder als Grenzhüter eingeteilt wurde."

Bewundert lauschte sie seinen Erzählungen. Sie war schon immer an Geschichte interessiert gewesen und freute sich über jede persönliche Geschichte die Menschen ihr anvertrauten.

Am Anfang hatte es sie geärgert, dass Michael sie zu seiner Wandergefährtin auserkoren hatte. Es hatte sie unter Druck gesetzt und ihr ihre Freiheit genommen. Aber am Abend, als sie ihre Zelte mitten im Busch aufstellten, blickte sie positiv auf den Tag zurück. Sie hatte sich gerne mit ihm unterhalten, ja, hatte sogar seine Gesellschaft genossen. Auch wenn er viel leistungsfähiger als sie war, hatte er sie das nie spüren lassen. ‚Menschen sind eben nicht gleich Menschen', dachte sie zufrieden, ‚aber ewig muss ich auch nicht mit ihm weiterwandern.'

Das richtige Mindset

„Vorsicht!", erschall es hinter ihr und ohne sich umzudrehen sprang sie ins Gebüsch. Gerade rechtzeitig: Wenige Sekunden später bretterte eine Gruppe junger Mountainbiker an ihr vorbei. Genervt stöhnte sie auf und trat zurück auf den Weg.

So schön und historisch interessant der Timber Trail auch sein mochte, war er doch für Mountainbiker ausgelegt. Und denen stand sie immer und überall im Weg. Sie war ein Fremdkörper, ein Parasit, der die Radfahrer zu mehr Achtsamkeit zwang. Und sie hassten sie dafür. Und sie hasste sie. Wegen ihrer Schnelligkeit und Leichtigkeit. Und weil sie ihr keinen Moment des Friedens gönnten.

Sie hatte sich auf diesen Abschnitt gefreut, auf die vielen Hängebrücken, die historischen Aspekte und auf die Natur. Doch schnell merkte sie, wie sie die Menschenmassen zermürbten. Sie fand keine Ruhe. Und so schmerzte am Ende des Tages nicht nur ihr Fuß, sondern auch ihr Geist war von einer verheerenden Leere und Gleichgültigkeit besessen.

Am dritten Tag traf sie den Schweden, wie Michael ihn genannt hatte, und sie wanderten ein Stück zusammen. „Hätte nicht gedacht dich hier zu treffen, wolltest du nicht einen Pause-Tag machen?", fragt er sie irgendwann. „Hab ich", gab sie zurück. „Dann warst du aber ganz schön fix unterwegs." „Ne, ich habe ein Teil übersprungen und bin beim Timber Trail wieder eingestiegen", antwortete sie beschämt. „Aha", sagte er, „Mir ist es ja schon wichtig alle Teile zu laufen". „Auch die Highways und andere langen Straßenabschnitte?" „Natürlich, die gehören schließlich zum Trail."

‚Und wer sie nicht wandert, der wandert auch nicht den Te Araroa. Zumindest nicht richtig', dachte sie, während sich das Gefühl von Schuld wie ein zentnerschwerer Schleier über sie legte.

Sie erzählte ihm von ihrer Achillessehne, die einfach nicht aufhören wollte zu schmerzen und dass sie vorsichtig sein wollte, um sie nicht dauerhaft zu beschädigen. Selbst in ihren Ohren klang es nach einer billigen Ausrede und auch er schien nicht wirklich überzeugt: „Es gibt eine Fernwanderin, die chronische Schmerzen in beiden Achillessehnen hat und sie wandert trotzdem mehrere tausend Kilometer pro Jahr! Sie sagt immer, man braucht nur das richtige Mindset und dann schafft man alles!"

Das richtige Mindset. Das hatte sie schon oft gehört. Doch wie kriegte man es? Und was war das überhaupt? Zum Glück hatte sie ihm nichts von ihrer Depression erzählt, da würde es ihr sicher auch am richtigen Mindset fehlen. Doch wer weiß, vielleicht stimmte das ja sogar.

Einsamkeit trotz Gemeinsamkeit

„Rechts!", schrie sie, „Wir müssen nach rechts!" Doch es war zu spät: Lola hatte ihr Kanu nicht mehr rechtzeitig auf den richtigen Kurs bringen können und so prallten sie zum zweiten Mal an diesem Tag gegen einen plötzlich aus einer Stromschnelle auftauchenden Felsen und kenterten. Zum zweiten Mal stürzte sie in das kalte Nass des Whanganui Rivers. Zum zweiten Mal riss die Strömung sie, Lola und ihr Kanu mit sich. Doch anders als beim ersten Mal lachte sie dieses Mal nicht. Sie war wütend, frustriert und genervt. ‚Das kann doch nicht wahr sein‘, dachte sie, ‚immer kippen nur wir um. Nie einer der anderen‘. Die anderen, das waren Lolas Reisegefährten, Michael und der Schwede. Und genau diese fischten sie nun aus dem Fluss, zogen sie und ihr Kanu ans Ufer.

„Willst du dir keine trockenen Klamotten anziehen?", fragte Kim als er auf sie zukam. „Dann habe ich keine mehr zum Schlafen", antwortete sie zähneklappernd. „Du kannst welche von mir haben, ist überhaupt kein Problem. Und du kommst zu mir ins Boot und Lola geht zu ihrem Freund", sagte er und fing an ihre Sachen in sein Kanu zu stellen. Schuldgefühle breiteten sich in ihr aus, verstopften Gehörgänge und Atemwege und drückten auf ihren Sehnerv. ,Langsam. Du bist einfach zu langsam. Du hälst alle auf. Versagerin!'

Die folgenden fünf Tage zogen sich hin und vergingen gleichzeitig wie im Flug. Nachdem sie zu Kim ins Boot gewechselt hatte, war sie nicht mehr gekentert und sie fühlte sich mit ihm zunächst wohl. Sie fragte ihn über sein Leben aus und erzählte auch ein bisschen von sich. Dennoch kam kein richtiges Gespräch zustande.

Wieder einmal stand sie vor der scheinbar unmöglichen Aufgabe sich in eine Gruppe zu integrieren. Freunde zu finden. Sie wusste einfach nicht wie: Wenn sie sie selbst war, gingen die Menschen meist auf Abstand. Sie musste sich verstellen, wusste aber nicht, welche Maske die richtige war, um vom Erfolg gekrönt zu werden. Sie beobachtete und beobachtete. Ahmte nach und kopierte erfolgreiche Verhaltensweisen anderer. Und dennoch kam sie selten über den Status einer Tolerierten in einer Gruppe hinaus.

Sie mochte das Alleinsein, liebte es sogar. Doch die Einsamkeit, die sie oft in Gruppen verspürte, ließ sie verzweifeln und an sich selbst zweifeln. Wie konnte sie ein liebevoller Mensch sein, wenn die anderen sie immer nur tolerierten? Sie immer nur aushielten?

Nachdem sie im strömenden Regen ihr Ziel erreicht, die Kanus endgültig zurückgelassen und ihr Quartier für die Nacht belegt hatten, ging sie laufen. Sie rannte durch die fremde Stadt. Rannte und rannte fort von den Menschen, mit denen sie die letzte Woche rund um die Uhr auf dem Fluss eingepfercht verbracht hatte. Sie mochte sie, fand sie alle sympathisch und dennoch konnte sie sie im Moment nicht mehr ertragen. Sie brauchte Ruhe, sie brauchte Alleinzeit. Und wer weiß, vielleicht würde ihr danach die Integration besser gelingen.

Ein kleines Ende

Der Tongariro Alpine Crossing, vorbei an dem Vulkan Mount Ngauruhoe, auch als ‚Schicksalsberg‘ bekannt: Seit Beginn ihrer Wanderung hatte sie sich auf diesen Abschnitt gefreut. Der Schicksalsberg! Allein der Gedanke, den magischen Ort aus ‚Der Herr der Ringe‘ physisch zu Gesicht zu bekommen, ließ ihr kleines Nerdherz höherschlagen.

Sie waren früh morgens aufgebrochen und die Euphorie machte ihr Beine. Selten war sie auf der gleichen Leistungsebene wie ihre Wandergefährten gewesen. Selten war sie kein Klotz am Bein gewesen.

Die anderen, erstaunt über ihre Geschwindigkeit, machten Witze über ihre neu erlangte Leistungsfähigkeit. Da gehe doch etwas nicht mit rechten Dingen zu, sagten sie, der eine Ring, den sie um ihren Hals trug, würde seine schwarze Magie auf sie übertragen und sie vorantreiben. Sie lachte mit ihnen und bekam den spöttischen Unterton gar nicht mit. Zu beschäftigt war sie mit der Betrachtung der vulkanischen Aktivitäten um sie herum. Zu beschäftigt war sie mit dem Bestaunen der einzigartigen Natur. Und dann tauchten die ersten Tagestouristen am Horizont auf.

Erst vereinzelt, dann in kleinen Gruppen und schließlich in ganzen Massen strömten sie ihnen entgegen. Wie eine Invasion wirkten sie auf sie. Wie das Eindringen einer fremden Spezies in den Lebensraum einer alteingesessenen. Nur dass sie, die Fernwanderer, die Fremden waren. Die Tagestouristen beglubschten sie neugierig und belächelten ihre großen Rucksäcke und Wanderstöcke.

Zorn brodelte in ihr auf. Nicht wegen ihrer Blicke. Und auch nicht wegen ihrer Häme. Nein, die Wut machte sich in ihr breit, weil die meisten von ihnen ihre Ignoranz für diesen Ort, für diesen Wanderweg, so offensichtlich zur Schau stellten. Zwei Wochen bevor sie sich an die Überquerung gemacht hatten, war hier ein Tagestourist tödlich verunglückt. Den Blick auf die mit Sandalen bekleideten und mit Dosenbier bewaffneten Menschen gerichtet, wunderte sie dies nicht mehr.

,Die Menschen haben den Respekt vor der

Natur verloren', dachte sie, ,sie fühlen sich unbesiegbar, unsterblich, unverantwortlich.'

In diesem Moment fühlte sie sich ihren Wandergefährten so nahe wie nie zuvor und so nahe wie sie sich ihnen nie wieder fühlen würde. Sie wusste es zu diesem Zeitpunkt noch nicht, aber dieser Augenblick würde der Letzte sein, an dem sie sich als Teil der Gruppe fühlte. Es war ein Abschied ohne das es jemand wusste. Ein Abschied von etwas, dass gar nicht richtig existiert hatte.

Wenn alles brennt

Sie war noch gute vierzig Kilometer mit ihren Gefährten gewandert, bis sie sich dann ein Motelzimmer genommen und einen spontanen Pause-Tag eingelegt hatte. Als sie auf den Trail zurückkehrte, tat sie dies allein. Und zum ersten Mal erfüllte es sie mit Gräuel. Der Druck, gute Leistung zu erbringen, wurde von der Trauer, sich wieder nicht in eine Gruppe integriert haben zu können, überlagert. Zum ersten Mal nahm sie die Schönheit ihrer Umgebung nicht wahr. Sie lief nur und versuchte ihre Gedanken nicht zu sehr in dem Brei aus Negativität schwimmen zu lassen. Bald darauf gesellte sich zu dem Schatten über ihrem Geist, der altbekannte Schmerz in ihrem Fuß.

Sie keuchte auf, Tränen fielen in den Matsch unter ihr. Sie tat einen weiteren Schritt und der Schmerz zog durch ihren ganzen Körper. Sie wollte nicht mehr. Sie konnte nicht mehr. Wollte nur noch hierbleiben. Mitten im Nirgendwo. Mitten im Schlamm. Doch sie konnte sich nicht mehr als eine kleine Pause gönnen, durfte nicht allzu lange ausharren. Der Tag und ihre Wasservorräte neigten sich dem Ende. Keine Wasserquelle in der Nähe, keine geeignete Lagerstelle in Aussicht. Sie musste es bis zur nächsten Hütte schaffen. Sie musste. Musste. Musste.

Mit dem Einsetzen der Dämmerung erreichte sie sie. Schon von Weitem konnte sie andere Wanderer hören. ‚Reiß dich zusammen‘, ermahnte sie sich und betrat die Hütte. Die Anderen merkten, dass mit ihr etwas nicht stimmte und so wurden ihr schnell Schmerzmittel und Stützverbände angeboten. Sie nahm alles dankend an. Einem Abenteurer gegenüber erwähnte sie, dass sie überlegte abzubrechen, weil sie einfach nicht mehr könne. „Ach Quatsch“, sagte der, „Wenn du es wirklich willst, dann schafft du es auch!“ „Genau“, fügte ein Beistehender hinzu, „Nimm einfach jeden Tag Schmerzmittel, dann wird das schon.“

‚Was‘, dachte sie, ‚wenn ich es einfach nicht genug will? Was wenn ich es deswegen nicht so gut hinkriege wie alle anderen?‘ Sie stand allein auf einer Anhöhe und schaute der Sonne beim Untergehen zu. Der Horizont färbte sich orange, sah aus als würde er brennen. Brennen wie ihr Fuß. Wie ihre Seele. Wie wunderschön es war!

„Aber du willst es doch!", schien der Sonnen-untergang zu schreien, „Sieh mich an! Ich bin das, wofür du das alles machst. Wofür du all die Schmerzen, all das Leid auf dich nimmst!"

‚Aber reicht das? Reicht mein Wille und all die kleinen, wunderbaren Momente der Belohnung? Reicht das?'

‚Ja', beschloss sie, ‚für jetzt.'

So nah und doch so fern

Der Sonnenuntergang hatte eine langfristige Wirkung auf sie gehabt. Sie hatte sich mehr zurückgenommen, war kürzere Strecken gewandert und hatte auf die Signale ihres Körpers und Geistes gehört. Doch die Erschöpfung hielt an. Ihr Fleisch und ihre Gedanken waren in Nebel gehüllt, nur manchmal fanden ein paar Strahlen Glück und Zufriedenheit ihren Weg durch den Dunst. Das waren die Momente, die sie weiterlaufen ließen. Die ihr Kraft gaben. Die berühmten kleinen Momente. Sie waren so mächtig! Keinen Gedanken verschwand sie daran, was passieren würde, wenn sie ausbleiben sollten.

Der Escarpment Track war eigentlich einer der einfacheren Abschnitte. Direkt am Ozean, mitten in der Zivilisation. Kein Tagesmarsch lang. Zudem war er schön. Nicht zu vergleichen mit den Bergen, in denen sie die letzte Woche verbracht hatte. Aber dennoch schön. Sie war zuvor zehn Kilometer gelaufen, bevor sie mittags mit dem Aufstieg des Tracks begann. Weitere zehn Kilometer lagen vor ihr. Nur zehn Kilometer, in vergleichsweise leichtem Terrain. Wahrscheinlich war das der Grund, warum sie die Müdigkeit ignorierte und weiterlief.

Sie fühlte sich sicher. Sie war nicht allein in der Wildnis, sie war mitten in der Zivilisation. Die Straße, die sie selbst hier oben, zweihundert Meter höher, noch gut hören konnte, erinnerten sie stets daran.

Plötzlich, wie aus dem Nichts, zog ein stechender Schmerz erst durch ihr linkes, dann auch durch ihr rechtes Knie. Sie jaulte auf, wankte, knickte ein und fiel, von ihrem Rucksack gezogen, zu Boden. Auf allen Vieren hockte sie da, mitten auf einer Hängebrücke und versuchte verzweifelt wieder aufzustehen. Die Schmerzen und das Gewicht auf ihrem Rücken hielten sie davon ab. Langsam schälte sie sich aus dem Klammergriff des Rucksacks, streifte ihn ab und setzte sich hin. ‚Schmerzmittel‘, dachte sie, ‚ich brauche Schmerzmittel.‘ Tränen verschleierten ihren Blick beim Durchsuchen ihrer Tasche. Als sie sie schließlich fand, nahm sich gleich zwei, lehnte sich zurück und wartete.

Nichts geschah. Der Schmerz wollte einfach nicht weniger werden. Angst machte sich in ihr breit. Was sollte sie nur tun? Wie kam sie hier weg? Das Brüllen der Autos unter ihr dröhnte in ihren Ohren. Verhöhnte sie. Hilfe war so nah und doch so fern. Schluchzend begann sie ihr Essen und überflüssiges Wasser wegzuschmeißen. Hauptsache der Rucksack wurde etwas leichter. Hauptsache sie schaffte die letzten fünf Kilometer irgendwie zurück in die Zivilisation.

Willkommen auf der Südinsel

Wie sie es zum nächsten Bahnhof und von da nach Wellington geschafft hatte, konnte sie im Nachhinein nicht mehr genau sagen. Sie hatte sich ein Zimmer im Hostel genommen und war zehn Tage in der Hauptstadt geblieben. Sie hatte versucht sich die Zeit so schön wie möglich zu gestalten, doch war ihr Denken von Schuldgefühlen überlagert. Sie schämte sich, dass sie schon wieder eine längere Pause gebraucht hatte. Sie schämte sich ihrer Schwäche, ihres Versagens.

Als sie kurz vor Weihnachten die Fähre zum Übersetzen auf die Südinsel betrat, empfand sie kaum Freude, sondern vielmehr ein unterschwelliges Angstgefühl. Angst, dass sie auch hier versagen würde. Angst, dass sie ihren eigenen Ansprüchen und den der anderen endgültig nicht gerecht werden könnte.

Sie begann den ersten Tag zurück auf dem Trail so angespannt, dass sie um die Mittagszeit herum den inneren Stress nicht mehr aushielt und weinend zusammenbrach.

‚Ich kann nicht mehr‘, dachte sie und wischte sich mit einer zitternden Hand die Tränen vom Gesicht. ‚Ich will nach Hause. Ich will Struktur.‘

Struktur! Sie erschrak vor ihren eigenen Gedanken. Sie kamen ihr frevelhaft vor. Niemand in dieser Community wünschte sich Struktur. Es war doch gerade die Freiheit von Strukturen, die Spontanität, die Losgelöstheit vom Alltag die Menschen wie sie dazu brachten ein solches Abenteuer auf sich zu nehmen. Doch waren es wirklich Menschen wie sie? Oder versuchte sie nicht vielmehr Teil einer Gruppe zu werden, in die sie nicht hineingehörte? Hatte sie sich all die Zeit selbst belogen? War sie am Ende gar nicht der abenteuerliche, flexible und spontane Mensch, der sie immer vorgab zu sein?

‚Nein‘, schrie sie sich im Geiste an, ‚Nein!‘ Sie wischte die Gedanken weg, aß zur Ablenkung einen Müsliriegel und setzte ihre Wanderung fort.

Die folgenden Tage gelang es ihr recht gut, negative Gedanken aus ihrem Bewusstsein zu verdrängen. Doch machte sie das nicht glücklicher. Ihre Gefühle schienen einfach aufgehört haben zu bestehen. Sie war leer. Und die Leere trieb sie weder voran, noch hielt sie sie zurück. Sie ließ sie – gerade so – funktionieren. Sie schaffte jeden Tag die Kilometer, die sie schaffen musste und abends lag sie wach im Zelt und starrte die Decke an.

Sie aß, sie lief, sie schlief. Ohne viel Umsicht, ohne viel Genuss. Sie existierte. Mehr nicht.

Ein letztes Mal tief durchatmen

Die Schönheit der Berge – ihre Einfachheit, ihre Rohheit, ihre Wildheit – ließen ihre Lebensgeister neu entflammen. Ihr Körper brannte, aber ihr Geist war von einer lang vermissten, dezenten Wolke der Zufriedenheit umwölkt. Die Richmond Ranges ließen sie wieder durchatmen, erinnerten sie daran, warum sie eigentlich hier war. Warum sie all die Strapazen auf sich nahm. Sie boten ihr eine Chance, eine letzte Chance, dass Ruder doch noch herumzureißen und dem längst eingesetzten Niedergang zu entkommen. Zu beweisen, dass sie es wirklich wollte. Und konnte.

Sie nahm zweimal täglich Schmerzmittel. Zwar tilgten diese weder die Schmerzen im Fuß noch in den Knien gänzlich aus, machten das Laufen aber erträglicher. Sie kam nur langsam voran, doch störte sie das weniger als sonst. Auf diesem Abschnitt waren nicht ganz so viele Wanderer unterwegs wie auf den anderen, sodass sie zum ersten Mal das Gefühl hatte, nicht an einem Wettstreit teilzunehmen. Dennoch begleitete sie auch hier die physische und mentale Erschöpfung auf Schritt und Tritt.

Am dritten Abend in den Bergen lernte sie Marion kennen. „Ich bin vor ein paar Jahren Abschnitte des Te Araroas gewandert, habe dann aber Knieprobleme bekommen. Jetzt laufe ich ein Paar der Strecken, die ich beim letzten Mal nicht geschafft habe", erzählte ihr die Sechzigjährige. „Ich habe auch Knieprobleme", gestand sie Marion kleinlaut, „Und auch mental wird es immer schwerer für mich". „Du musst auf dich aufpassen", antworte die ältere Frau besorgt, „Du bist noch so jung, setzte bloß nicht deine Gesundheit aufs Spiel, nur um den ganzen Trail gelaufen zu sein." „Ich möchte aber keine Versagerin sein", flüsterte sie mehr zu sich selbst als an Marion gewandt, sie hörte sie dennoch: „Pah! Man ist doch keine Versagerin, nur weil man klug genug ist zu wissen, wann es nicht mehr geht! Im Gegenteil: Ist das nicht viel mehr ein Zeichen dafür, dass man nicht versagt hat?"

Sie dachte lange über Marions Worte nach. Sie wollte ihren Körper nicht zerstören, aber der innere Druck wenigstens einmal in ihrem Leben durchzuhalten, wenn es zu schwer wurde, war noch stärker. Und so war sie sich in diesem Moment sicher, dass sie es durchziehen würde.

Einige Tage später, an Neujahr, war sie früh aufgestanden und losmarschiert. Jetzt stand sie auf der Spitze eines Berges. Unter ihr die Wolken. Vögel sangen, die Luft war klar und frisch, die Sonne hatte ihren höchsten Punkt noch nicht erreicht. Sie genoss die leichte Sommerwärme auf ihrer verschwitzen Haut und atmete tief ein und aus. Heute war ein guter Tag, ein Tag ohne vieler Schmerzen und ohne vernebelten Geist.

Hier oben, über den Wolken, konnte sie plötzlich klarer sehen und so wusste sie, tief in sich drin, dass sie sich bald entscheiden musste. Entscheiden, ob sie weiter ihre Gesundheit aufs Spiel setzten oder aufhören wollte. Doch egal welche Option sie letztendlich wählte, es würde die richtige sein.

Die Entscheidung

Sie lag in einem Bett in irgendeiner Hütte irgendwo im Nirgendwo. Sie war schon zwei Stunden wach und lauschte den anderen Wanderern, wie sie sich auf den neuen Tag vorbereiteten. Eigentlich müsste sie das auch tun. Eigentlich hätte sie schon längst unterwegs sein müssen. Doch sie konnte nicht. Sie konnte einfach nicht aufstehen. Wie fest geschnürt lag sie da und starrte die Decke an. Irgendwann, nachdem der Letzte die Hütte verlassen hatte, stand auch sie langsam auf. Ohne Appetit aß sie ihr Frühstück, ohne Lust begann sie weiterzuwandern. Dieser Abschnitt galt als einer der Schönsten vom ganzen Trail, nur konnte sie es nicht sehen. Sie war leer. Verloren. Vergessen. Sie hing in der Luft, ohne Halt und Sicherheit. Doch brauchte sie beides, um wieder zu sich zu finden.

Die Sehnsucht nach Struktur, nach Alltag war so allumfassend, dass sie sie fast handlungsunfähig machte. Sie musste etwas ändern!

Marions Worte kamen ihr in den Sinn. „Versager sind nur die, die es nicht schaffen sich selbst einzugestehen, dass sie etwas nicht können. Etwas nicht zu können ist keine Schande. Es ist unabhängig davon, ob man will oder nicht. Es ist das Normalste auf der Welt."

Vielleicht war sie bloß eine Versagerin, weil sie sich nicht eingestehen mochte, dass sie nicht mehr konnte. Und nicht, weil sie nicht mehr konnte. „Hör auf dich selbst und deine Bedürfnisse. Was die anderen denken ist egal" Tränen lief ihre Wangen herunter. Doch zum ersten Mal waren es keine Tränen der Verzweiflung, sondern Tränen der Erleichterung. Es war okay – völlig okay – wenn sie etwas nicht schaffte. Das ändert gar nichts daran, wer sie war, welchen Wert sie hatte. Die Gesellschaft mochte vielleicht auf Leistung bestehen, aber sie musste es ihr ja nicht gleichtun.

Sie schaute den Schimmel vor sich an, streichelte seine Blässe und flüsterte: „Ich glaub, ich höre auf. Ich glaub, ich geh zurück nach Hause." Das Pferd schnaubte leise und nickte ihr aufmunternd zu. „Ich geh zurück nach Hause", wiederholte sie und ein Lächeln stahl sich auf ihr Gesicht. Die Freude, die so lange nur durch Abwesenheit aufgefallen war, kehrte in ihr Herz zurück. Befreit von der unsichtbaren Last, der

Angst vorm Scheitern, juchzte sie auf. Das Pferd wieherte erschrocken auf, drehte sich um und galoppierte davon. „Entschuldige", rief sie ihm lachend hinterher, drehte sich um und begann die letzten Kilometer des Abenteuers ihres Lebens zu begehen. Auch wenn sie sich nicht eilte, sie konnte es kaum erwarten zurück in ihr Leben zu kommen.

Epilog

Sie saß mit ihrem Sohn auf dem Arm im Wohnzimmer und zeigte ihm das Fotoalbum mit den Neuseelanderinnerungen. Er war noch zu jung, um alles zu verstehen was sie ihm erzählte, aber war es ihr dennoch wichtig, dass sie es tat. Ohne Neuseeland – ohne ihr Scheitern – würde es ihn nicht geben.

Drei Wochen nachdem sie frühzeitig aus Neuseeland zurückgekehrt war, war sie in eine neue Stadt gezogen und hatte einen neuen Job begonnen. Hier hatte sie ihn kennengelernt. Erst war er ihr überhaupt nicht aufgefallen, er war ein Kollege wie jeder andere. Ein dreiviertel Jahr später waren sie zusammengekommen. Er tat ihr gut. Er sah sie wie sie wirklich war und liebte sie dafür. Bei ihm konnte sie sie selbst sein. Glücklich sein. Zwei Jahre später wurde ihr gemeinsamer Sohn geboren.

Nachdem sie die Entscheidung des Abbruchs getroffen hatte, hatte sie sich zwar gut gefühlt, aber das Gefühl des Versagens hatte sie noch lange verfolgt. Das Narrativ „Du kannst alles, wenn du es nur willst" spukte noch lange in ihrem Kopf umher und erst allmählich verstand sie wie gefährlich dieser Glaubenssatz sein konnte.

„Du hättest viel eher aufhören müssen", sagte ihr Partner wütend, immer wenn sie ihm von Neuseeland erzählte, „Du hast heute noch Probleme mit der Achillessehne. Du hast dich fast kaputt gemacht!"

‚Das hätte ich wohl', dachte sie jedes Mal und empfand große Dankbarkeit gegenüber Marion, die Einzige auf dem Trail die ihre Probleme nicht verharmlost hatte. Die Einzige, die ihr gesagt hatte, dass Versagen auch gut sein kann. Denn letztendlich liegt es im Auge des Betrachters, wann Versagen Versagen ist. Sich dem Leistungsdruck der Gesellschaft bewusst zu werden und gezielt davon abzuwenden, zu seinen eigenen Schwächen zu stehen und diese zu umarmen erfordert Mut und Reflexion. Es tut weh, schmerzt im tiefsten Innern und doch müssen wir uns diesem Schmerz stellen, um stärker zu werden, um glücklicher zu werden, um zu entdecken, wer wir wirklich sind.

Katrina Lodde

Katrina Lodde wurde 1994 in Bielefeld geboren. Sie ist staatlich anerkannte Erzieherin, lebt mit ihrer kleinen Familie in Kiel und studiert dort Germanistik und Soziologie. Neben ihrem Studium arbeitet Katrina ehrenamtlich bei der unabhängigen Hochschulzeitung DER ALBRECHT mit.

Alle Storys von Katrina Lodde zu finden auf
www.story.one

schreib's auf
story.one

Viele Menschen haben einen großen Traum: zumindest einmal in ihrem Leben ein Buch zu veröffentlichen. Bisher konnten sich nur wenige Auserwählte diesen Traum erfüllen. Gerade einmal 1 Million publizierte Autoren gibt es derzeit auf der Welt - das sind 0,013% der Weltbevölkerung.

Wie publiziert man ein eigenes story.one Buch?

Alles, was benötigt wird, ist ein (kostenloser) Account auf story.one. Ein Buch besteht aus zumindest 15 Geschichten, die auf story.one veröffentlicht werden. Diese lassen sich anschließend mit ein paar Mausklicks zu einem Buch anordnen, das sodann bestellt werden kann. Jedes Buch erhält eine individuelle ISBN, über die es weltweit bestellbar ist.

Auch in dir steckt ein Buch.

Lass es uns gemeinsam rausholen. Jede lange Reise beginnt mit dem ersten Schritt - und jedes Buch mit der ersten Story.

#livetotell

Lightning Source UK Ltd.
Milton Keynes UK
UKHW020256230721
387625UK00002B/305

9 783990 874486